LA SOCIÉTÉ CIVILE

DANS

LES PRINCIPAUTÉS FRANQUES

DE SYRIE

Extrait du *Cabinet historique*

TOME XXV.

Tiré à cent exemplaires.

Épernay. — Typ. de BONNEDAME et FILS, éditeurs du Cabinet historique.

LA SOCIÉTÉ CIVILE

PRINCIPAUTÉS FRANQUES

DE SYRIE

Par M. E. REY

PARIS

Alphonse PICARD, Libraire-Éditeur

Rue Bonaparte, 82

—

M. D. CCC. LXXIX

LA SOCIÉTÉ CIVILE

DANS LES PRINCIPAUTÉS FRANQUES

DE SYRIE

La domination latine en Syrie pendant les xiie et
xiiie siècles est un des faits les plus intéressants de l'histoire du moyen âge ; aussi, depuis quelques années, les
principautés françaises d'Orient sont-elles devenues
l'objet de sérieuses études.

L'esquisse que je présente ici est extraite d'un travail
assez long que je prépare sur ces colonies, dans lesquelles
les rapports des conquérants et des indigènes s'établirent
avec beaucoup plus de sagesse politique qu'on ne le pense
généralement.

Ce que l'on a dit de l'intolérance, du fanatisme et de
l'aveuglement des Francs en face de l'islamisme, est en
grande partie démenti par les historiens orientaux eux-
mêmes.

Je me bornerai à citer, à l'appui de ce que j'avance, le
passage suivant d'Ibn Djobaïr, qu'on ne saurait suspecter
de partialité en faveur des Francs et qui visita la Syrie,
à son retour de la Mecque, en venant, vers 1184, s'embarquer à Acre pour retourner en Espagne :

« (1) Entre Tébnïn (le Toron) et Tyr nous vîmes de

____

(1) *Hist. Arabes des Croisades*, t. III, p. 447.

« nombreux villages tous habités par des Musulmans
« qui vivent dans un grand bien-être sous les Francs......
« Les conditions qui leur sont faites sont l'abandon de
« la moitié de la récolte, au moment de la moisson, et
« le paiement d'une capitation d'un dînar et cinq kirâts.
« Les Francs n'en demandent pas davantage, sauf un
« léger impôt sur le produit des arbres ; mais les Musul-
« mans sont maîtres de leurs habitations et s'adminis-
« trent comme ils l'entendent. C'est la condition dans
« tout le territoire occupé par les Francs sur le littoral
« de Syrie, c'est-à-dire de toutes les bourgades qui sont
« habitées par les Musulmans. La plupart ont le cœur
« abreuvé de cette tentation (de venir s'y fixer) en voyant
« l'état de leurs frères dans les cantons gouvernés par
« des Musulmans ; la situation de ceux-ci étant tout le
« contraire du bien-être. Un des malheurs qui affligent
« les Musulmans, c'est qu'ils ont toujours à se plaindre,
« sous leur propre gouvernement, des injustices de
« leurs chefs et qu'ils n'ont qu'à se louer de la conduite
« des Francs, en la justice de qui on peut se fier.... etc.,
« etc. »

Les historiens arabes reconnaissent encore que les
populations chrétiennes et musulmanes, quelle que fût
leur origine, vivaient en bonne intelligence dans toute
l'étendue des principautés franques (1).

Lorsque les Francs se furent rendus maîtres de la
Syrie, les institutions féodales furent très-aisément ac-
ceptées par la population indigène pour laquelle elles
n'avaient rien de nouveau ni d'insolite, ce qui explique
la facilité que les croisés trouvèrent à prendre racine
dans les diverses principautés formant les colonies chrétiennes d'Orient.

La féodalité se constitua donc en Syrie aussitôt après

____

(1) *Hist. Arabes des Croisades*. Ibid. t. I, p. 296.

la conquête, et les deux types les plus purs de ce système gouvernemental sont les royaumes de Jérusalem
et de Chypre.

La législation féodale des provinces franques de Syrie
était sous bien des rapports supérieure à celle des principaux pays de l'Europe à cette époque.

J'ai déjà dit autre part qu'en étudiant les traces lais-
sées en Orient par la domination latine, on est étonné
d'y trouver une organisation politique conçue avec au-
tant de force que d'habileté (1). Elle s'établit au milieu
d'une population composée d'Européens et d'Orientaux
de toutes races et parvint à fonder un état qui ne fut pas
sans gloire.

Nous devons donc reconnaître que la noblesse franque établie en Syrie était généralement beaucoup plus
lettrée, plus sage et plus prévoyante qu'on ne l'a cru jusqu'à ce jour.

Latins et Syriens vécurent en bonne intelligence, non-
seulement dans les campagnes et dans les villes, mais
jusque dans les rangs de l'armée chrétienne.

Ces mêmes hommes, qui, dans les Assises de Jérusalem,
nous ont laissé le plus beau monument de la législation
féodale du moyen âge appropriée par eux aux périls
d'un état de guerre permanent, surent en même temps
respecter les liens municipaux régissant, au temps
des empereurs grecs et sous les Arabes, la population
syrienne et qui, au contact de la législation occidentale
importée par les Francs, eurent une large part dans
l'établissement des coutumes et des assises de chaque
principauté (2).

Ici les grands vassaux avaient remplacé les émirs et,

(1). *Essai sur la domination française en Syrie au temps des
Croisades*, p. 17.

(2) *Cod. Dip.*, t. I, p. 286. Ibid, n° 45, p. 46. *Ass. de Jérusalem*,
t. I, p. 642. *Assises d'Antioche.*

les feudataires de chaque degré, unis les uns aux autres par les liens étroits de la hiérarchie féodale, veillaient à la sûreté des populations rurales attachées à la culture de leurs terres ou habitant sur leurs domaines.

Les nouvelles conquêtes une fois partagées en fiefs se couvrirent rapidement de châteaux, d'églises, de monastères latins et furent soumises dans toute leur étendue à un système social qui embrassait la population indigène comme les conquérants.

Les fiefs se composaient de casaux ; chez les Latins le nom de casal était donné à des villages ou à des hameaux habités par des Syriens chrétiens ou musulmans, des Grecs, des Turcs ou même des Bédouins.

Ces serfs ruraux ne subissaient que le joug d'un servage très-adouci et pouvaient, grâce aux profits de l'agriculture, étendre leur aisance et relever peu à peu leur condition sociale.

Les préposés comme les reïs des casaux en sont un exemple.

Les évêques n'exigeaient point la dîme des Sarrazins (rustici Sarraceni) qui tenaient la terre à cens ou qui, en qualité de tributaires, résidaient sur le territoire des Francs.

La population se divisait en hommes liges devant le service militaire et parmi lesquels il y en avait quelques-uns d'origine franque (1) et en vilains ou serfs ruraux. Le territoire du casal se partageait en gastines et en charrues, sur le nombre desquelles on fixait généralement les redevances dues par le casal à la seigneurie dont il dépendait.

Nous trouvons fréquemment la mention de casaux tenus à ferme par des cultivateurs européens, syriens (2)

---

(1) Tafel et Thomas. *Font. Rer. Aust.*, t. XIII, p. 376.
(2) *Cart. du St Sép.*, n° 117, p. 220, etc.

ou même sarrazins; le prix du fermage se payait alors en argent ou en nature.

Parmi ces cultivateurs syriens nous en voyons souvent qui portent le titre de reïs et qui étaient chargés de l'administration du casal.

Nous savons également par les chartes qui nous sont parvenues que la charge de drogman était une fonction publique fréquemment héréditaire.

On doit aussi placer dans les rangs de la classe agricole, non-seulement les familles de Bédouins vivant sous la tente sur le territoire de certains domaines dont il est souvent parlé dans les chartes, mais encore quelques tribus de l'Arabie Pétrée qui, en payant un droit de pacage, venaient à certaines époques de l'année, établir leur tentes et faire paître leurs troupeaux sur des territoires possédés par les Francs et étaient comptées au nombre des appartenances des terres sur lesquelles elles campaient.

RÉGIME DE LA TERRE

Voici ce que nous savons des méthodes de mesurage et de bornage des terres usitées en Syrie à cette époque.

Dans une charte portant le n° 31 (p. 27) du *Cartulaire de l'ordre Teutonique*, nous trouvons une annotation marginale fournissant l'indication suivante, qui est d'un extrême intérêt en ce qu'elle nous donne des notions précises sur la contenance exacte de la charrue en usage dans le royaume de Jerusalem.

« Chascun charue dot havoir XXIIII cordes du longe
« et XVI cordes du large et la corde doit ravoir XVIII
« toise du home mezaine et insi le tout en la secrete
« du reame de Iérusalem par l'asise du reame devant
« dit....

« Funis habebit xviii passus quantum potest medio-
« cris homo capere expansis brachiis, et sic habet con-
« suetudo regni Ierosolimitani. »

Pour la délimitation des terres, outre les accidents
naturels, comme les cours d'eau, ruisseaux, les ravins
ou les escarpements de rochers, nous trouvons souvent
dans les chartes de cession, de vente ou d'échange
composant les cartulaires de Terre Sainte, la mention de
bornes sur lesquelles sont incisées des croix, des mar-
ques analogues faites sur des rochers et dont plusieurs
exemples se voient encore, de nos jours, aux environs de
Cayphas ; enfin de croix et de bornes (1) en pierre plan-
tées aux limites des possessions sous lesquelles on avait
placé du charbon (2) usage évidemment d'origine occidentale et qui s'est conservé, jusqu'à nous, dans certaines provinces de France.

Les villes et les forteresses communiquaient entre
elles par un réseau de routes et de chemins.

Ces voies de communication étaient divisées en *Viæ
regales* (3) ou chemins royaux et *viæ publicæ* ou chemins
ordinaires (4).

Les chemins royaux, qui généralement suivaient le
tracé des anciennes voies romaines, encore conservées
aujourd'hui, semblent avoir été carrossables ; quant aux
autres il y a tout lieu de penser que ce ne furent jamais
que des routes muletières.

Les principaux droits seigneuriaux que nous trouvons
mentionnés dans les chartes sont :

Les tailles payées par les indigènes (taille des Syriens)

---

(1) *Cart. du St Sép.*, n° 71, p. 144.
(2) *Tab. ord. Theut.* N° 46, p. 38.
(3) *Cart. St Sép.* n° 168, p. 306, et *Tab. ord. Theut,.* n° 20. p. 18.
(4) *Tab. ord. Theut.*, n° 62, p. 51.

les droits de douane à l'importation et à l'exportation ainsi que ceux de vente sur les marchés ;

Les droits de passage payés par les caravanes venant des pays musulmans et traversant, en temps de paix ou pendant les trêves, le territoire des colonies chrétiennes (1) et ceux acquittés à l'entrée des villes (2) ;

La ferme du monopole de certaines industries comme la teinture, la boucherie, la tannerie, etc.

Les corvées que les paysans devaient à leur seigneur ;

Les corvées ou prestations personnelles pour l'entretien des chemins ;

Les droits d'herbage et de pascage ;

Les faisances ou redevances en nature que les paysans apportaient à leur seigneur à certaines époques de l'année ;

Les cens ou fermages payés par les tenanciers. Nous savons par les documents contemporains (3) que les serfs donnaient à leur seigneur une part de la récolte variant du tiers au quart et que les corvées *(angaria)* étaient réglées à raison d'une journée par charrue de terre.

La dîme enfin, due au clergé par tous les propriétaires chrétiens de biens-fonds, qu'ils fussent religieux ou laïques.

Les termes de payement usités dans les colonies franques de Syrie étaient à peu près les mêmes que ceux qui existaient alors en France (4). L'année était partagée en

(1) *Tab. ord. Theut*, n° 3, p. 3.

(2) A cette époque les marchands de Mossoul importaient en Syrie une foule de produits de l'extrême Orient, parmi lesquels nous voyons figurer l'ivoire, les pierreries, le bois d'aloès et de Cafour (camphre), la cannelle, le poivre, les muscades, les clous de girofle, le gingembre, l'encens et beaucoup d'autres choses qu'il serait trop long d'énumérer ici.

(3) Tafel et Thomas, *Font. Rer. Aust.*, t. 13, p. 371 et suiv.

(4) *Tab. ord. Theut.*, n° 8, p. 9.

quatre termes : la Saint-Jean-Baptiste, la Saint-Remy
(2 octobre) ou la Toussaint, Noël et Pâques ; ou en trois
qui alors étaient généralement la Saint-Jean, la Sainte-
Croix et la Chandeleur (1).

La Saint-Martin de novembre et la Saint-André paraissent avoir été les termes de payement des censives (2).

Quant à l'agriculture, elle était à peu de chose près
alors, en Syrie, ce qu'elle est encore de nos jours. On y
récoltait, outre les céréales (3), des vins, des huiles, de
la soie, du coton, du riz, de la garance et du sucre ; cette
dernière production semble avoir été fort encouragée
par les rois de Jérusalem, et cette culture était exempte
de la dîme.

Je dois encore dire ici quelques mots du développement que le commerce ne tarda pas à prendre dans ces
colonies, sous l'impulsion des princes latins.

Les relations commerciales furent constantes entre
chrétiens et musulmans. Nous savons, que pendant les
trêves, les négociants chrétiens du littoral se rendaient
à Damas et dans les autres villes musulmanes de l'intérieur où ils se livraient, en paix, aux opérations de leur
négoce.

Le passage suivant, encore extrait de la relation d'Ibn
Djobaïr, donne d'intéressants détails sur les comptoirs
que les marchands arabes de ces villes possédaient, à
cette époque, dans les ports occupés par les Francs.

« ... Il y avait à Damas, parmi les principaux habitants
de la ville, deux marchands extrêmement riches ; l'un
s'appelait Naser-Ibn-Kaouam, l'autre Abou-Dar-Yakoub.
Tout leur commerce se faisait sur le littoral franc où

(1) *Cod. Dip.*, t. I, n° 190, p. 236, et *Tab. ord. Theut.* n° 119, p.
107, etc.

(2) *Cod. Dip.*, t. I, n° 220, p. 261, etc.

(3) *Cart. du St Sép.*, n° 76, p. 152.

l'on ne connaissait que leur nom et où ils avaient leurs employés..... les caravanes chargées du transport de leurs marchandises allaient et venaient constamment, et ils avaient un état de fortune colossal, aussi bien qu'une grande influence auprès des chefs musulmans et Francs. »

Tripoli, Antioche et Tyr furent, de toutes les villes possédées par les Latins, celles où l'industrie paraît être parvenue à son plus grand développement.

« Les deux premières étaient alors fort renommées pour leurs tissus de soies.

« A Tripoli et à Tortose on fabriquait également, à cette époque, des draps de poil de chameaux d'où leur vint le nom de camelots qui, avec les étoffes de soie et les verreries, formaient les principaux articles d'exportation de cette principauté. »

LA NOBLESSE FRANQUE

Chacun des grands vassaux possédant principauté ou grande baronnie du royaume (1) avait une cour particulière composée d'un connétable, d'un maréchal, d'un bailli ou maître de la secrète (trésorier), d'un sénéchal, d'un bouteiller et d'un chancelier. Les princes avaient en outre des chambellans et chaque forteresse était gouvernée par un châtelain.

Parmi ces seigneurs la plupart résidaient dans leurs fiefs, d'autres, et notamment ceux qui occupaient les grandes charges de cour énumérées plus haut, tout en possédant des biens-fonds considérables, paraissent avoir plutôt habité les villes principales : on peut citer comme grandes familles établies à Antioche, les Sourd-

____

(1) *Familles d'Outre-mer*, de la p. 649 à la p. 662.

val, les Falzhard, les le Jaune, les Mamendon, les des Monts, les Tirel, les l'Isle, etc., etc.

A Tripoli étaient fixées les familles de Puy Laurent, de Ronscherolles, de Larminat, de Fontenelle, de Cornilion, de Farabel, de Ham, et un assez grand nombre d'autres qu'il serait trop long d'énumérer ici.

Le contact des civilisations arabe et bysantine exerça sur les Francs établis en Palestine une influence dont les preuves se trouvent dans les nombreux emprunts qu'ils furent bientôt amenés à leur faire et parmi lesquels je ne citerai que d'importantes modifications dans le vêtement, l'armement et l'équipement militaire.

Enfin l'introduction de l'élément arabe dans les armées chrétiennes où nous le voyons apparaître sous le nom de Turcoples (1).

On voit s'élever alors de toutes parts en Syrie, où il en subsiste encore un grand nombre (2), des églises bâties par les architectes occidentaux d'après un modèle dont on trouve de fréquents exemples en Bourgogne et sur les bords de la Loire.

Ici, comme en Sicile, les artistes grecs et arabes décorèrent les églises et les palais élevés par les Croisés. Les récits des auteurs contemporains nous donnent quelques détails (3) intéressants à ce sujet.

Wilbrand d'Oldembourg, dans la relation de son pèlerinage en Terre Sainte en 1212, décrit, avec admiration, les pavages en mosaïque exécutés dans le palais des Ibelins, à Beyrouth, par des ouvriers orientaux.

La description que le même auteur donne des maisons d'Antioche, ce qu'il dit du luxe qui y régnait et des eaux courantes amenées par des aqueducs et répandant

____

(1) *Familles d'Outre-mer*, p. 690.
(2) Vogué. *Églises de la Terre Sainte.*
(3) Theodoricus, *de Locis S^{tis}*, p. 13, 19 et suiv.

dans toutes les pièces une fraîcheur délicieuse, nous prouve que ces habitations devaient se rapprocher beaucoup, par leur plan et leur décoration intérieure, des splendides maisons arabes que nous voyons encore à Damas, à Alep, à Tripoli, à Hamah et dans les autres grandes villes de la Syrie.

L'intérieur était orné de riches tentures en soies de Tripoli, d'Antioche, de Tarse, de Damas ou de Perse. Partout sur les dressoirs étincelaient des cuivres damasquinés sortis des ateliers de Mossoul et de Damas, qui produisaient alors ces admirables vases, ces lampes et ces aiguières existant encore en grand nombre et parmi lesquels nous trouvons assez fréquemment des pièces exécutées pour des princes francs et portant des inscriptions et des symboles chrétiens.

Les poteries émaillées aux riches couleurs, ainsi que ces belles verreries arabes de Syrie et d'Égypte dont les mosquées du Caire et de Damas conservent encore de si précieux échantillons, abondaient aussi dans ces somptueuses demeures.

LES BOURGEOIS

Bientôt, dans ces nouvelles colonies, les bourgeois venus d'Europe, les marchands originaires des républiques italiennes, de Pise, de Gênes, d'Amalfi ou de Venise, ainsi que les Syriens enrichis par leur commerce, s'organisèrent dans les villes en bourgeoisies, et, tout en demeurant sous la protection et la juridiction du seigneur, y implantèrent une partie des institutions communales de l'Europe.

Ce ne fut pas seulement dans les villes du littoral habitées par une population composée d'Européens et d'Orientaux, se livrant dans la plus complète sécurité aux opérations du négoce, mais encore dans un grand nombre de petits centres de population de l'intérieur, que nous voyons s'établir alors des bourgeoisies administrées au nom du seigneur par des vicomtes, comme à Gadres, à Ibelin, à la Grande Mahomerie, à Jéricho, à Lydda, à Caco, à S¹-Jean de Sébaste, au Merle, au Casal Robert, à Palmere, au Grand Gerin, au Lyon, etc., etc.

Le passage suivant, extrait du mémoire de M. le comte Beugnot sur le régime des terres en Syrie au temps des Croisades, résume fort nettement les origines de ce droit accordé aux bourgeois par les Assises du royaume.

« Quant au droit des bourgeois en matière de pro-
« priété il découlait des lois romaines. Les croisés
« trouvèrent en vigueur dans les cités maritimes de la
« Syrie des débris de la législation civile des Empe-
« reurs grecs qu'ils eurent la sagesse de respecter ainsi
« que l'avaient fait les Arabes. Ils en étendirent même
« les dispositions aux bourgeois venus d'Europe.

« Le livre des Assises de la cour des bourgeois que
« nous possédons fut écrit entre les années 1173 et 1180
« sous l'inspiration manifeste de la loi romaine.

« Il est digne de remarque que cette loi, quand elle
« sommeillait encore dans les principaux états de l'Eu-
« rope, régissait une classe tout entière de la société
« dans les colonies chrétiennes de l'Orient. »

En Syrie, la bourgeoisie latine demeura toujours française par son langage, tout en adoptant certaines coutumes orientales. Dans les villes, son existence était fastueuse et, par ses richesses, elle acquit une influence extraordinaire dans une société féodale : aussi rien n'égalait la facilité avec laquelle un bourgeois devenait chevalier. La nécessité où, par suite d'un état de guerre permanent, se trouva bientôt la noblesse de Terre Sainte de se recruter en grande partie dans les rangs des

bourgeois, rendit la condition de ces derniers en Syrie
bien plus honorable que celle de la bourgeoisie de
France ou d'Angleterre.

LES INDIGÈNES

Durant toute la période des Croisades, nous trouvons
les Arabes chrétiens désignés sous le nom de Syriens ;
de tous les indigènes ce sont ceux dont le législateur
latin s'occupe le plus ; ils sont toujours présents à sa
pensée et ils en obtiennent une situation plus favorisée
que toutes les autres populations indigènes.

Les croisés crurent ne devoir rien négliger pour s'atta-
cher une race adonnée à l'agriculture, au commerce et à
l'industrie, tenant entre ses mains la plus grande partie
des ressources du pays.

Si elle avait été aussi corrompue et aussi perfide que
le dit Jacques de Vitry, dont l'exagération et l'intolérance ne sauraient être mises en doute, la législation
civile n'aurait pas conservé pour elle tant d'égards.

Les Syriens tenaient donc le premier rang parmi les
indigènes, puis venaient les Jacobites, les Arméniens, et
à un rang un peu inférieur les Grecs, les Nestoriens et
les Abyssins. L'achevêque arménien et l'évêque jacobite
de Jérusalem étaient comptés au nombre des suffragants
du patriarche latin de cette ville.

Nous voyons alors officier simultanément dans l'église
du St-Sépulcre, à côté des Francs, les Syriens, les Arméniens, les Jacobites, les Grecs, les Abyssins. Les Syriens
y possédaient, en propre, la chapelle dite de la Croix,
ainsi nommée d'un fragment considérable de la vraie
croix qui y était conservé.

Au premier rang de la population syrienne, il faut
compter les Maronites, ainsi que les Grecs Unis, fort

nombreux dans le midi de la Syrie et dans les villes du littoral. Guillaume de Tyr parle en ces termes des Maronites :

« Une manière de gent que l'en apeloit Suriens qui
« abitent en la terre de Fenice entor la terre de Libane
« delez la cité de Gibelet. . . . .
« . . . .
« il estoient genz mout hardies et preuz as armes et
« meint grans secours avoient fet à noz Crestiens quant
« il se combatoient à noz ennemis (1). »

Le même auteur nous apprend qu'en l'année 1115 le roi Baudoin Ier fit venir d'au-delà du Jourdain tous les Syriens ou Arabes chrétiens qui voulurent s'établir dans ses États ; il leur accorda dans Jérusalem, ainsi qu'aux Arméniens, aux Grecs et même aux Sarrazins, de grandes franchises commerciales. Bien que l'influence des schismes de l'Église orientale empêchât une union absolue entre les Francs et les Syriens, ces derniers n'en étaient pas moins placés par la loi et par l'opinion immédiatement après les Francs et au-dessus des Grecs et des Sarrazins ; aussi se virent-ils promptement admis dans les rangs de la bourgeoisie et, en la cour du Vicomte, le Syrien était admis au serment même contre un Latin.

Ils avaient le droit de posséder des terres et des casaux, en un mot jouissaient de la plupart des privilèges concédés aux bourgeois francs établis dans les colonies d'outre-mer. Dans les villes, le bourgeois syrien et le bourgeois franc, bien que séparés par des mœurs assez différentes, vivaient sous l'empire du même droit. Les Syriens obtinrent en outre d'être administrés par un magistrat spécial, nommé Reïs, dont les attributions furent identiques à celles du Vicomte. Tout en subis-

(1) Guill. de Tyr, L. XXII, ch. VIII, p. 1077-78.

sant la supériorité de la bourgeoisie, la population syrienne des villes du royaume latin tenait une grande et importante place dans l'État.

Comme en Europe, les seigneurs francs de Syrie s'étaient réservé la haute justice, mais toutes les causes non criminelles survenues entre indigènes étaient jugées par la cour du Reïs ; en l'absence de ce dernier il était remplacé par le bailli de la Fonde (1).

Il est à remarquer que les Syriens, les Grecs et les Sarrazins n'étaient point restés étrangers à l'usage du duel judiciaire et que, s'ils ne pouvaient y appeler un Franc, ils étaient admis à se défendre, par bataille, contre lui ; mais seulement en matière criminelle (2).

Nous trouvons encore dans les actes contemporains la mention d'un autre fonctionnaire indigène nommé Motasep, nom évidemment dérivé de l'arabe *mohtesib*. Nous savons que, chez les musulmans, ce fonctionnaire devait veiller à la police de la voirie, à la surveillance des marchés, enfin s'occupait de toutes les questions de police ne rentrant pas dans la juridiction du Cadi.

Les fonctions du Motasep, qui nous sont peu connues, semblent cependant avoir eu pour objet, en Syrie (3) et à Chypre, l'établissement et la perception de l'impôt foncier, ainsi que le règlement des questions qui y étaient relatives.

Non seulement dans le domaine royal, mais encore dans toutes les principautés qui en relevaient, les Jacobites étaient traités avec beaucoup de bienveillance. Au point de vue civil, ils paraissent avoir été placés à bien peu de chose près sur le même rang que les Syriens ; leur doctrine était alors considérée comme s'éloignant

(1) La fonde, juridiction commerciale, se composait de six jurés, dont quatre étaient Syriens et deux Francs.

(2) *Ass. de Jérusal.* L. de Jean d'Ibelin, chap. 276.

(3) Tafel et Thomas. *Fontes Rer. Aust.*, t. XIII, p. 359.

fort peu de celle de Rome ; ils avaient des églises, des monastères, des évêques de leur rite et j'ai dit plus haut que l'évêque jacobite de Jérusalem était suffragant du patriarche latin : il résidait au monastère de la Madeleine occupé par des religieux de ce rite. Acre, Tripoli, Édesse, Turbessel étaient également le siège de diocèses relevant du patriarcat jacobite d'Antioche : il en existait aussi plusieurs dans le royaume de la petite Arménie ainsi qu'à Chypre. Les Jacobites se servaient de trompettes dans la célébration de leurs offices, suivant un usage dont l'origine, d'après la tradition, remontait au temps des Hébreux (1).

Dans la description de Jérusalem à la fin du XIIe siècle, publiée par M. de Vogué et rééditée par M. de Mas-Latrie dans sa Chronique de Bernard le Trésorier, nous trouvons que les Jacobites possédaient, dans les dépendances de l'église du St-Sépulcre, près du clocher, une grande chapelle dite de St-Jacques.

Nous savons par Aboulfaradj, le plus célèbre écrivain jacobite de cette époque, que leur clergé, très-versé dans les lettres grecques, arabes et syriaques, s'était tout particulièrement adonné, durant le XIIIe siècle, à l'étude de la médecine. Il cite notamment Michel, évêque d'Alep, qui, après s'être démis de son siège épiscopal, vint se fixer à Tripoli où il professa la médecine et résida jusqu'à sa mort, entouré du respect et de la vénération du clergé et de la noblesse franque. Aboulfaradj dit en parlant de lui : « *Rem medicam optime noverat ; in libris philosophorum versatus, conversatione amenus omnibus gratus erat* »

Basile d'Alep, célèbre médecin, qui en 1249 résidait à Antioche, Isa et Hasnoun, autres médecins également

_____

(1) Theodoricus, *De Locis S^{tis}*, p. 20.

connus qui alors se trouvaient à Sis, étaient tous Jacobites.

On peut sans témérité affirmer hautement que les
colonies franques de Terre Sainte participèrent au
grand mouvement scientifique qui se développa en Syrie
et en Égypte durant le xiiie siècle.

Dans les écoles d'Antioche, de Tripoli et de Jérusalem, l'enseignement était encyclopédique et comprenait
la philosophie, la médecine et les sciences mathéma-
tiques.

Théodore d'Antioche, Abou Mansour de Jérusalem,
Basile d'Alep, le nestorien Jacob de Tripoli, etc., furent
les maîtres les plus célèbres qui y professèrent.

En dehors du royaume de la petite Arménie, c'est surtout dans les principautés d'Edesse et d'Antioche que
nous trouvons les Arméniens établis en grand nombre.

Bien que ne jouissant pas dans les principautés
franques de la juridiction spéciale donnée aux Syriens
par les Assises du royaume, les Arméniens ne cessèrent
d'être, au point de vue militaire, les plus estimés des
Orientaux. Les croisés eurent en eux, surtout dans la
principauté d'Antioche, de vaillants et fidèles auxiliaires,
et de nombreuses alliances de famille conclues entre
Francs et Arméniens ouvrirent bientôt à ceux-ci les
rangs et les honneurs de la noblesse latine.

Tant que les princes de la dynastie Roupénienne ré-
gnèrent en Cilicie, nous voyons le système féodal adopté
par les Arméniens, qui, pendant une période de plus
de deux siècles, s'attachèrent à copier les coutumes, les
institutions et jusqu'aux cérémonies des Francs.

Durant tout ce temps, l'influence latine fut prépondé-
rante sur le clergé arménien. Un des principaux repré-
sentants de cette tendance fut St Nersès de Lampron,
qui écrivait à la fin du xiie siècle, et dont les ouvrages con-
tiennent de nombreux renseignements à ce sujet. On en

trouverait également des preuves dans les correspondances réunies par Rainaldi. Nous savons d'ailleurs que les archevêques et évêques arméniens de Syrie étaient comptés au nombre des suffragants des patriarches latins. Les Arméniens possédaient en propre deux chapelles dans l'église du St-Sépulcre à Jérusalem.

Le nom de Syriens ou Greco-Syriens était donné à tous les chrétiens grecs de Syrie, soit qu'ils fussent soumis à l'Église romaine, soit qu'ils relevassent des patriarches schismatiques.

Jacques de Vitry prétend qu'ils n'étaient que nominalement soumis, et en apparence seulement, aux prélats latins dont ils habitaient les diocèses.

Cependant, d'après les documents contemporains, un assez grand nombre de prélats et d'abbés de ce rite semblent avoir reconnu la suprématie de Rome, surtout à partir du milieu du XIIIe siècle.

Certaines de ces abbayes, entre autres celle de Saint-Théodose, possédèrent des biens-fonds situés en Occident.

Le patriarche grec d'Antioche avait juridiction sur le nord de la Syrie, la Cilicie, la Mésopotamie et Chypre.

Le patriarcat grec de Jérusalem, formé à la suite du concile de Chalcédoine, comprenait les Églises grecques de la Palestine et des confins de l'Arabie.

Les Greco-Syriens se servaient des deux liturgies de saint Basile et de saint Jean Chrysostome.

Ils conservèrent les sanctuaires qu'ils possédaient avant la conquête latine; leurs monastères étaient riches et nombreux.

Dans l'église du St-Sépulcre, ils avaient alors un grand autel où ils officiaient et qui était placé entre le chœur des chanoines latins et l'édicule du St-Sépulcre.

La plupart des prélats du rite grec appartenaient à la classe monastique.

Quoi que placés civilement à un degré inférieur aux Syriens, par suite de l'opposition sourde qu'ils ne cessèrent de faire aux Latins, les Grecs furent néanmoins traités avec bienveillance par les conquérants.

Leurs témoignages étaient reçus en justice, même dans les conflits entre les ordres religieux; en 1140, nous voyons les chanoines du St-Sépulcre (1) appeler comme témoins en la cour devant Raymond, prince d'Antioche, plusieurs chanoines grecs, parmi lesquels figurent le chantre et le sous-chantre de l'église Ste-Marie d'Antioche.

Le passage suivant d'un pélerin russe du XIIe siècle montre avec quels égards le clergé grec était alors traité par les princes latins :

« ..... A la septième heure du jour du Grand
« Samedi, le roi Baudoin s'achemina de sa maison avec
« sa suite, tous pieds nus vers le St-Sépulcre. Il envoya
« à la Métochie de St- Saba pour engager l'igoumène et
« les moines ses frères, qui se dirigèrent vers le St-
« Sépulcre du Seigneur et moi infime j'étais avec eux.
« Nous vînmes au devant du prince et nous le sa-
« luâmes tous ; il rendit le salut à l'igoumène et aux
« frères et engagea l'igoumène de St-Saba, de même que
« moi infime, de s'approcher et de se placer à côté de
« lui, ce que nous fîmes. Il engagea les autres igou-
« mènes et les autres moines à le précéder tandis que sa
« suite fermait la marche. Le roi ordonna alors à sa
« troupe d'écarter le peuple . . . . : . . . . . .
« C'est ainsi que nous arrivâmes à la porte orientale
« du St-Sépulcre. Le prince entra après nous et occupa
« sa place du côté droit près du mur de séparation du
« maître-autel devant la porte orientale où se trouve

----

(1) *Cart. du St Sép.*, n° 89, p. 177.

« une place élevée réservée au prince. Il enjoignit à
« l'igoumène de St-Saba de se placer avec ses moines et
« ses prêtres orthodoxes au-dessus du St-Sépulcre et
« pour ma part il me commanda de me placer plus
« haut au-dessus même des portes du St-Sépulcre.. . .

« Pour ce qui est des prêtres latins ils se trouvaient
« au maître-autel. . . . . »

Les populations nestoriennes de Syrie étaient con-
centrées dans les cantons qui s'étendent autour de
Beyrouth et au sud de Gibelet ; elles avaient conservé le
chaldéen comme langue liturgique et administraient
les sacrements d'après le rite grec.

A Tripoli, plusieurs docteurs nestoriens professèrent
avec grand éclat, durant le xiii° siècle, les sciences phi-
losophiques et la médecine.

Rabban Jacob l'un d'eux, compta Aboulfaradj au nombre de ses disciples.

La population d'Acre comprenait encore un assez
grand nombre de Nestoriens (1).

Dans les pages que l'on vient de lire, j'ai voulu seulement esquisser, à grands traits, le cadre que je me suis
proposé de remplir et dont j'espère terminer bientôt les
diverses parties.

____

(1) Nauroff, *Pel. de l'igoumène Daniel*, p. 123.